DIBUJAR

ESPACIOS

Sara Gómez Magro

El arte de sentir y sus consecuencias

europa
ediciones

© 2025 **Europa Ediciones** | Madrid

www.grupoeditorialeuropa.es

ISBN 9791256961160

I edición: octubre del 2025

Distribuidor para las librerías: **CAL Málaga S.L.**

Impreso para Italia por *Rotomail Italia S.p.A. - Vignate (MI)*

Stampato in Italia presso *Rotomail Italia S.p.A. - Vignate (MI)*

El arte de sentir y sus consecuencias

Índice

Prólogo

Este no es solo un poemario de amor.
Es un poemario sobre todos esos sentimientos que nos recuerdan que estamos vivos.

Aquí caben el amor romántico, sí —con su vértigo, su adrenalina, sus preguntas sin respuesta—, pero también el amor propio, el que cuesta más conquistar.
La incertidumbre que nos paraliza.
La nostalgia que se cuela en los pensamientos, en los gestos cotidianos.
La tristeza que a veces arrasa.
Y la fuerza de volver a levantarse, incluso cuando no quedan ganas.
Cada poema es una forma de compartir lo que cuesta decir en voz alta. Una manera de entenderse, de reconocerse, de reconstruirse.
De mirar de frente lo que duele, sin dejar de lado lo bonito.
Este poemario es un refugio para quien se haya sentido roto, perdido, invencible, agotado o brillante —todo a la vez—. Un espacio donde los sentimientos no se minimizan, se validan. Y donde incluso el dolor tiene algo de luz.
Este libro no busca respuestas, pero sí compañía.
Y quizá, en sus páginas, te encuentres.
Aunque solo sea un poco.
Aunque solo sea por un verso.

Te odio

Te odio por no poder darme todo lo que eres,
te odio por estar en mi cabeza más tiempo del que deberías,
te odio por impedirme avanzar
y darle la oportunidad que tú no quieres aprovechar a otros.

Te odio porque estás siendo egoísta
y no piensas más que en tu bienestar.
Te odio porque, cuando me tocas,
se me remueve el mundo,
sabiendo que es todo lo que voy a conseguir de tus manos.

Te odio porque haces que te compare con todos,
y así es imposible que alguien salga ganando.
Te odio porque me he imaginado cientos de planes contigo
que sé que, muy probablemente, nunca puedan cumplirse.

Te odio porque ahora sé lo que es el amor correspondido
y, aun así, tengo que asumirlo como imposible.

Te odio tanto que te quiero más todavía,
y es una putada quererte para todo
y solo tenerte a ratitos.

A *veces me pregunto*

A veces me pregunto si sigo enamorada de ti
o de la idea de tenerte.
No sé si distingo entre la persona que eres
y la que me gustaría que fueses.

¿Me asusta perderte,
o perder esa sensación de euforia y adrenalina
que sentía cuando estabas cerca?

No sé si echo de menos tus abrazos
o cómo se estremecía mi cuerpo con cada uno de ellos.
Extraño las conversaciones sinceras,
tal vez por el contenido,
o tal vez porque sentirte abrirte conmigo
me hacía especial.

Añoro esos nervios tontos antes de verte,
o quizás añore la sensación
de algo que no sé si algún día
seré capaz de sentir de nuevo.

Te quiero, en eso no dudo,
pero…
¿te quiero más a ti
o a la idea de futuro que podríamos haber sido
y que no será?

Creo que te quiero

Cuando me mira con esos ojos de enamorado,
creo que le quiero, o al menos quiero creer que así es.
Esos ojos que me hablan sin decir nada
y me llenan de dudas que no quiero resolver.

Quizá no sea amor, pero me aferro a la idea
de que tal vez lo sea,
aunque no lo sé,
aunque no quiero saberlo.

Definición de Amor

Recuerdos,

Anhelos,

Deseos,

Y sueños.

Pasiones,

Enfados,

Y algún que otro llanto

Te quieros sentidos,

y otros fingidos.

Caricias y besos,

Abrazos eternos.

Dudas,

Preguntas,

Verdades ocultas.

Paciencia,

Respeto,

Diálogo y tiempo.

Amor en su esencia

Real y directo

Sin trampas,

Ni adornos,

O al menos yo

pienso eso…

A través de otros ojos

Te mostré mi rincón favorito de Madrid.
Recorrimos juntos cada calle, cada esquina.
Te dejé ver mis cicatrices: cada herida,
cada fisura.
Y tú las entendiste, las calmaste, las sanaste.

Te permití tocar cada centímetro de mi piel.
Aprendiste el mapa de mis lunares, mis pecas.
Te revelé mis sueños, mis miedos, mis ilusiones,
y tú, sin dudarlo, me alentaste, me acompañaste.

Ahora le llevo a los mismos lugares:
al restaurante que era solo nuestro,
al Museo del Prado, donde el tiempo se perdía,
y aquel parque, donde el eco de nuestras conversaciones aún resuena.

Y, aunque nada ha cambiado, todo se siente distinto,
porque, al revivir esos momentos,
una voz dentro de mí susurra que soy un fraude...

Compartir lo que fue solo de nosotros
me hace preguntarme si queda espacio para lo nuevo,
o si, al darme, solo estoy repitiendo
lo que ya se fue, sin poderlo dejar ir.

Te fuiste antes de irte

Cuando me miraste, supe que algo había cambiado:
tus ojos ya no brillaban,
tu sonrisa parecía forzada,
y tu expresión, por primera vez,
era indescifrable.

Decidí restarle importancia
y continué contando nuestra anécdota favorita,
pero esta vez, tú estabas ausente.
No reías, no intervenías.

Tras la cena, me acerqué a ti.
Mientras rozaba tu mejilla, te dije que algo pasaba.
Me apartaste la mano
y, con educada frialdad,
dijiste que solo era cansancio.
Y yo decidí creerte.

Los meses pasaron,
y nada cambió.
Todo se volvió más frío, más racional,
más extraño.

Hasta que un día te fuiste.
Y fue entonces, en el silencio de tu partida,
cuando comprendí que ya te habías ido,
mucho antes de irte…

Recuerdos

Por primera vez en mucho tiempo, lo vi.
Mis ojos se detuvieron en los suyos,
verdes como el campo,
porque me transmitían la paz y la serenidad
que solo la naturaleza puede otorgar.

Luego, bajé la mirada hacia su sonrisa,
esa que me había hecho cometer
multitud de estupideces en el pasado,
y supe que, si seguía admirando sus hoyuelos,
la curvatura de sus labios
o las pequeñas arrugas que se formaban en su rostro,
cometería alguna que otra de nuevo.

Fue entonces cuando recordé
que ahora solo bastaba con cerrar el álbum,
y mantener toda esa magia atrapada
en aquellas páginas
a las que quizás no debería regresar.

Valientes

Me gustan las personas valientes,
las que no temen a expresar sus sentimientos,
las que lo dicen alto y claro,
como si todo el mundo pudiese escucharlas,
las que demuestran con actos sus palabras.

Porque sentir y callar es lo fácil,
pero sentir y admitir es de lo más valiente
y bonito que hay.

Perdóname

Perdóname
si mis ojos se detienen en ti
más tiempo de lo políticamente correcto.

Pero no me culpes.
Al final, es parte de la naturaleza humana
apreciar la belleza.

Y permíteme decirte:
tu sonrisa es particularmente bella.

¿Qué es el amor?

—¿Qué es lo que más te gustaba? —me preguntó.

—Su mente —contesté al instante.

—¿En serio?

—Tan en serio como que su mundo interior tenía la capacidad de sumergirte en una realidad alternativa, en donde tú no tenías el control de nada, y, aun así, conseguía que te sintieras más vivo que nunca.

—¿Así definirías el amor entonces?

—No. Así definiría a una persona que merece la pena mantener a tu lado.

Amor es lo que sentía yo al mirarla,

mientras narraba cualquier historia, ilusionada,

y yo solo podía pensar en la suerte que había tenido:

la suerte de que la vida decidiera que coincidiéramos,

y de que pudiera conservar un pedacito de su esencia en mí.

Siempre tuya

(Si) te preguntas si aún te pienso

(Em)pezaría negándolo

(Pre)sionando a mi autocontrol por disimular lo que verdaderamente siento,

pero,

(Tu) y yo sabemos que siempre fuimos, aunque

(Ya) no seamos

Por un beso de tu boca

Por un beso de tu boca,
Cualquier reto afrontaría,
No hay montaña ni sendero
que se iguale a tu sonrisa.
Por el roce de tus manos,
Hasta el cielo subiría,
Pues no hay tacto igual de dulce,
Que el que albergan tus caricias.
Por estrecharte en mis brazos,
Renunciaría a mil días,
Pues el contacto de tu cuerpo,
Me devuelve años de vida.
Por escuchar un te quiero de tus labios,
La verdad no sé que haría,
Pues tu voz es un regalo,
Y esto solo fantasías…

En los ojos

Verdes, azules, marrones...
La belleza de los ojos no está en el color,
sino en la forma de mirar,
en el brillo que desprenden cuando algo te ilusiona,
en cómo se entornan ligeramente cuando sonríes,
en la expresividad de cada gesto...

Porque la belleza no está en los ojos en sí,
sino en la persona a la que pertenecen
y en la manera con la que mira el mundo.

Cicatrices

Dicen que aquellas personas que pasaron por cosas terribles,
están rotas por dentro,
son incapaces de amar,
y se sienten vacías,
estando limitadas por la oscuridad del pasado.

Pero… las personas que han experimentado la soledad y la tristeza
aman diferente,
más intenso,
más real,
con más sentimiento…

Saben lo que es sentirse vacío,
y por ello llenan el vacío de otros,
para que jamás se encuentren en esa situación.

Porque el pasado marca,
pero no determina.
De lo que un día sucedió,
quedan cicatrices que te recuerdan por lo que pasaste
y te han convertido en la persona que eres:
más fuerte,
más valiente,
más humana…

Dicen que las personas rotas no tienen arreglo,
porque el daño causado fue tan fuerte
que quedaron marcadas de por vida,
pero lo que no saben es que no necesitan arreglo ninguno,

sino que han recogido todos sus pedazos

y se han recompuesto como si de un puzle se tratara.

Y, sobre todo, no han olvidado,

y eso es lo que las convierte en únicas.

Cuando sonríes

Cuando sonríes,
el tiempo se detiene un instante,
lo suficiente como para provocar
una sensación parecida a la de estar escuchando
los acordes de tu canción favorita.

«*No estés nerviosa*»

«No estés nerviosa», me dijo en voz pausada, intentando tranquilizarme.

Le sonreí, pero era una sonrisa forzada,

mientras pensaba:

No lo estoy.

Hace tanto que no siento esas mariposas en el estómago,

esas que tomaban el control de mi ser

y me dejaban soltar la rutina, el autocontrol.

Esa adrenalina que corría por mis venas,

desbocada, incontrolable.

Ese cosquilleo hasta las puntas de mis pies,

que me hacía flotar por un instante,

casi levitar.

¿Dónde quedaron la respiración entrecortada,

las mejillas sonrosadas,

los latidos acelerados,

marcando un ritmo dos tonos por encima de su melodía habitual?

Quiero volver a sentirlo.

A sentir.

Al final, los nervios no son más que un síntoma

de que algo realmente importa.

(Des)conocerte

Y entonces ocurrió,
de repente, tenías otras ideas.
Cambios de humor incomprensibles,
miedos, inseguridades, sueños…

De pronto, no te conocía.
Pero…
fueron todos esos momentos
en los que te desconocí
los que hoy me hacen afirmar,
que por fin te conozco.

Esa chica

Esa chica que parece fuerte,
segura de sí misma,
emocionalmente inaccesible,
o excesivamente exigente con todo.

Esa niña que da la sensación de tenerlo todo bajo control,
que tiene respuesta a cualquier pregunta,
a cualquier reflexión que se haga.

Esa muchacha que dice lo que piensa,
va de frente, es sincera,
y no se deja hacer pequeña ante ninguna persona ni situación.

Es también la chica que piensa todo unas cien veces antes de hacerlo,
que analiza los riesgos de atreverse o dejarlo pasar,
que más de una vez confió en personas en las que no debió hacerlo,
solo por su fe en la humanidad.

Es la chica que entra en una sala,
y aunque por fuera se mueva con soltura, por dentro tiembla.
Que sabe expresarse con facilidad,
después de años manteniéndose callada por miedo a la opinión ajena.

Es la que sabe lo que es estar sola,

y no por elección.

Que se ha odiado tantas veces que perdió la cuenta.

Que es sensible,

y los pequeños detalles de las personas que quiere

le afectan como si de una guerra se tratara.

Es la que ha necesitado la aprobación externa

para sentirse válida, completa.

Que sueña con una vida en la que pueda ser feliz

sin ser juzgada.

Ríe a menudo,

escandalosamente,

cuando se encuentra en un ambiente seguro, relajado,

y se siente triste cuando las cosas no salen como esperaba.

Esa chica es la misma persona, aunque no lo parezca.

Y todo por lo que pasó le hizo crecer,

ser quien es hoy en día,

con todas sus cicatrices y parches,

con cada decepción acumulada,

con los momentos felices,

y con los que descubrió quién era

y cómo le gustaría ser.

¿Qué estoy haciendo mal?

Dicen que una mirada vale más que mil palabras,
entonces, dime, ¿qué estoy haciendo mal?

Te pienso a cada segundo,
me pierdo en el mínimo vaivén de tu cuerpo,
en el leve sacudir de tus pestañas,
en la sonrisa fugaz que asoma en tu rostro.
He perdido la cuenta de los poemas que llevan tu nombre,
y, aun así, sigues sin verme.

Otoño

Me gusta el otoño,

quizá por ese paso suave del verano abrasador al fresco agradable,

o por las tonalidades que visten al follaje.

A lo mejor me atrae la sensación de cambio,

porque al final, eso es lo que representa el otoño:

estación de finales y de comienzos,

de propósitos, de rutinas, de transformaciones.

Tal vez me recuerda a ti:

a veces intenso, otras veces ausente,

a veces nublado, otras pura luz,

a veces cercano, otras distante.

Definitivamente me recuerda a ti:

me diste todo y nada al mismo tiempo,

no fuiste el amor de mi vida, ni de mi año,

pero sí, fuiste el de mi otoño

cuando en el fondo, yo solo deseaba el verano...

Falsa Confianza

Hoy voy a vestirme de falsa confianza.
He elegido ese jersey rojo,
el que grita a quien me mire:
«Soy fuerte, y sé a dónde me dirijo»,
aunque yo apenas lo susurre.

Lo he combinado con la falda
de «tengo mis opiniones y las voy a defender»,
aunque algunas de ellas
me tiemblen entre los labios
como hojas al borde del otoño.

He rescatado esas botas
que antes me parecían imposibles,
tan altas, tan desafiantes,
pero que ahora combinan a la perfección
con la mujer que quiero ser,
la que dibujo en mi mente
cuando el miedo me deja un rato a solas.

Con esta actitud, bien tejida y ajustada,
camino por la vida como si fuera mía.
Cada paso resuena seguro,
aunque por dentro mis pies dudan del suelo.

Y si algún día creyera yo
la mitad de lo que transmito,
sí, lograría convencerme de que ese reflejo soy yo,
sería un triunfo,

una transformación callada,

un logro que no necesitaría aplausos.

19 días y 500 noches

Sabina dijo que 19 días y 500 noches
le bastaron para olvidarte,
y ojalá contigo hubiese sido así de fácil.

Echarte de menos por la noche,
cuando la soledad me abraza,
es fácil,
el silencio se convierte en tu voz,
y los recuerdos se reproducen en mi mente como si de una película antigua se tratara.

Pero olvidarte de día,
en cada paso que doy,
en cada broma que hago
sin tu risa de fondo,
en cada rincón que ya no te espera,
eso es lo duro.

Es el espacio vacío
en cada gesto,
la ausencia que se cuela en mis entrañas
al buscarte en lo cotidiano.

Es la vida que sigue,
pero tú ya no estás.

Sabina, tal vez nunca entendió
que aprender a olvidarte
no es cuestión de noches,
sino de amaneceres…

Desaprender

¿Y si, en lugar de aprender, lo que necesitamos es desaprender?

Los políticos se reúnen en asamblea
para resolver los problemas de la gente,
con promesas sinceras y planes bien trazados.

Un grupo de chicas sale a divertirse,

recibiendo elogios genuinos
y el respeto que merecen.

Un niño danza en el patio,
mientras los demás lo aplauden,
celebrando su talento.

En este cuento, las princesas van en moto,
a buscar a su príncipe, que se quedó

preparando la cena.

Los empresarios se preocupan por sus empleados,
ofreciendo salarios justos
y fomentando un equilibrio familiar.

De repente, las tragedias de la guerra nos importan,
aunque no estén a 20 km de nuestro ombligo,
y nos unimos, decididos a ayudar.

La salud mental se valora igual que la física,

y no se ignoran las emociones
de quienes nos rodean.

Definitivamente, ojalá desaprender un poquito más…

En otra vida

En otra vida, conóceme de nuevo.
Ríete de mis manías y mis obsesiones,
Llévame de nuevo a nuestro parque,
Cántame con tu guitarra,
que suene a promesa, a «me quedo».
En otra vida, déjame quererte otra vez,
como si en esta no hubiese sido suficiente.
Déjame sacarte a bailar, aunque no sepamos los pasos,
acaríciame hasta quedarme dormida.
En otra vida, solo te pido
que me regales el lujo de perderme en tu voz,
mientras me susurras que me quieres,
y, solo por eso,
habrá merecido la pena la espera.

Miedo

Miedo no a perderte, sino a perderme.
Miedo a la inercia de una vida sin cuestionarse
nada.
Miedo a no encontrar mi lugar, muy lejos de la
supuesta normalidad.
Miedo a no sentir y llenar ese vacío como sea.
Miedo a sentir demasiado, y que los demás
dejen su vacío en mí.
Miedo a la constante improvisación, sin saber
si hay meta al final.
Miedo a morir…
Eso no.
Miedo a una vida vacía,
insípida, superflua,
desperdiciada…
Mucho.

La paz

Siempre dije que me transmitías paz,
pero hoy sé que nunca fue cierto.
Paz es lo que siento al leer un fragmento de mi libro favorito en la playa,
al escuchar esa canción que me transporta al verano,
al reunirme con amigos y reír hasta que me duela la mandíbula,
al alcanzar algo por lo que llevaba tiempo luchando…

Contigo, sentía más bien lo que sienten dos placas tectónicas al chocar:
adrenalina, estruendo, temblores, incertidumbre…
Una sola mirada, y mi cuerpo se estremecía,
cada músculo se contraía,
y cada palabra parecía carecer de fuerza para emitir sonido.

Al final, estar contigo era un campo de batalla:
sabía que no había forma de ganar,
pero no podía dejar de luchar.

Siempre dije que me transmitías paz,
Porque, ¿quién apreciaría la paz sin haber conocido la guerra?

Lo que era nuestro

Ahora camino por las calles donde solíamos perdernos.

Hace sol, aunque ya estamos en marzo y la temperatura aún es algo fresca.

No te preocupes, llevo bufanda, no me resfriaré esta vez.

Paso junto a nuestra cafetería favorita y pido lo de siempre:

un café largo con poca leche.

Mientras espero mi bebida, mis ojos se pierden en el mostrador de bollería.

Hay bizcocho de limón, tu favorito.

Ojalá pudiera compartir un trozo contigo ahora.

Sigo mi camino y me detengo en el parque,

donde tantas veces hablamos de la vida, de las dudas,

y nuestro futuro.

Bueno, futuro... porque el «nuestro» ya no existe.

La verdad es que ya no quiero seguir recorriendo estas calles,

donde cada rincón me recuerda a ti.

Dime, ¿cómo se olvida a alguien a quien proyectas en cada bar,

en cada nube, en cada verso...?

Creo que tendré que cambiar de ciudad,

y por favor, quédate atrapado en nuestras calles,

en nuestros besos,

en nuestros sueños,

pero no me sigas en los nuevos.

Soy

Soy ese muro que lo aleja de su felicidad.

Soy aprendizaje. Lección.

Soy todo lo que podría arruinar sus planes.

Soy temblor. Soy emoción.

Soy quien podría ofrecerle una vida

llena de improvisación, delirio y caos.

Soy tantas cosas

que al final no soy ninguna.

Simplemente soy

ese casi todo…

que terminó en un simple error.

Acciones en soledad

Hay acciones que, en la soledad, se desvanecen.

Un buen restaurante sin conversación se vuelve insípido,
y hasta el bistec más exquisito pierde su sabor.

Una obra de teatro, sin alguien con quien compartir su impacto,
no es más que un conglomerado de actos con un desenlace frío y banal.

Un concierto, sin euforia compartida,
se reduce a un cúmulo de notas,
junto a una base elevada que no consigue emocionar.

Ir a un museo sin quien te ayude a descubrir lo invisible,
convierte las obras en manchas de color,
sin la chispa de la inspiración que solo otro ojo puede encender.

Luego dicen que no necesitamos a nadie para ser felices.
Mentira.
Todo lo que despierta pensamientos, genera ilusión,
sentimientos, magia…
sin ser compartido,
se reduce a vacío.

Un abrazo

A veces solo hace falta un abrazo,
Uno muy fuerte,
de esos que te hacen pequeñito,
donde los problemas se disuelven.
Un abrazo de verdad,
de esos que no necesitan palabras,
que hablan con el alma.
Uno que te haga sentir,
que te haga olvidar el peso del mundo,
y te permita parar el tiempo,
aunque sea solo por unos segundos.
A veces solo hace falta un abrazo…
Pero ahora que no estás,
¿Dónde encuentro ese refugio?
¿Quién me hará sentir así?

Zona de confort

No hay riesgos, solo trayectos memorizados,
caras conocidas, conversaciones predecibles
No hay sorpresas, solo rutinas interiorizadas,
gestos automatizados, pensamientos recurrentes
«Zona de confort» lo llaman,
porque creemos vivir mejor en lo conocido
que arriesgarnos a saber qué hay más allá
Pero,
Con riesgos, nacen nuevos caminos, mentes que nos impactan, conversaciones que nos transforman
Con sorpresas, surgen actividades inéditas, gestos inesperados, pensamientos genuinos
Prefiero una vida de incertidumbre y aprendizaje continuo
a una falsa sensación de seguridad que solo esconde el miedo a lo desconocido.

¿Y si...?

¿Y si me quedo a dormir?

No en tu cama

Si no en tu risa, en tu voz, en tu abrazo...

¿Y si nos vamos de viaje?

No en avión

Si no en fantasías, secretos y sueños

¿Y si nos mudamos juntos?

No a una casa

si no a proyectos, anhelos y miedos

¿Y si te digo te quiero?

No a ti,

Si no a un recuerdo, distante, lejano,

distorsionado...

De mayor quiero ser como tú

Cuando me siento perdida, me imagino qué pensaría mi yo de 10 años si me viera ahora...

Soy buena, en ese delicado límite entre ser sabia y caer en la ingenuidad,
pero sin cruzarlo.

Me siento cómoda en mi propia piel,
irradiando confianza, cercanía, tranquilidad.

Me gusta mi cuerpo,
no todos los días,
pero cuando el espejo me devuelve el reflejo, tiendo a sonreír,
y eso ha costado.

Estoy orgullosa de quien soy,
de mis principios y de las personas que he elegido para rodearme.

Quizá no tenga la casa, el perro ni el novio que una niña pensaría tener resueltos a los 25,
pero sin ninguna duda,
si esa chiquilla me conociera,
diría: «Mamá, cuando sea mayor, quiero ser como ella».

Y entonces sé que voy por el camino correcto.

Adrenalina

Mi corazón latía con fuerza, a un ritmo frenético que me entrecortaba la respiración.

El pulso se me disparó, alcanzando al menos los 170 latidos por minuto.

En mi espalda notaba como pequeñas gotitas de sudor frío se deslizaban lentamente por mi columna vertebral.

Perdí el aliento y la capacidad de expresión,

al menos por un momento,

que a mí se me hizo eterno.

Había 2 opciones

La primera,

había corrido detrás del bus, y una vez más me recordaba a mí misma que debía apuntarme al gimnasio.

La segunda, que te había visto.

Por desgracia para mí fue la segunda...

Paseabas del brazo con ella,

nos cruzamos,

sostuviste mi mirada durante unos segundos y proseguiste tu camino.

Mientras te alejabas tan solo pensé,

Es curiosa la confianza que pudimos llegar a sentir,

y ahora somos desconocidos, pero lo sabes todo de mí.

Quiero

Hoy he quedado con mi amiga Laura y he pensado:
Quiero su pelo, su cintura de avispa y su pecho perfectamente colocado.

Quiero su casa en las arenas, su novio de postal,
que hace parecer a Richard Gere un aficionado.

Quiero su trabajo,

no porque me haya llamado nunca la atención ser empresaria,
pero qué bien suena eso de ser una mujer de negocios.

Mientras tanto, en la cabeza de Laura…

Quiero su sonrisa contagiosa y su seguridad al expresarse,
esta chica podría convencerte de cualquier cosa.

Quiero su piso en Malasaña,

pequeño, acogedor,
en medio del bullicio y el ajetreo.

Quiero su libertad, sus planes improvisados,
su capacidad de cambiar de rumbo sin dudar.

Nos pasamos la vida deseando lo que no tenemos,

¿y si, en lugar de desear lo de otro, apreciáramos más lo propio?

Te quiero en poesía

En castellano diría te quiero,

Pero en poesía, eres la rima asonante de mis pensamientos constantes

Que compararte con la luna y las estrellas queda corto

como cualquier uso de metáfora diáfana, anáfora barata.

Que eres arte menor, arte mayor,

Pero sobre todo ARTE, en todo su esplendor.

Das ritmo a mi pluma, que no cesa de escribirte,

de pensarte, de sentirte, en cada verso que me inspire.

No hay sílabas ni versos que alcancen a describir
mis delirios, tan ficticios, tan propicios a existir.

Porque si te digo en castellano, suena débil, suena llano,
pero si hablo en poesía, no queda duda alguna,

De que por ti moría.

En Mayúsculas

Hoy juega el Madrid,

y se me eriza la piel solo de pensar en Mbappé,
un talento sin igual, pura calidad.
Este año, de nuevo, será nuestra la Champions,
y qué adrenalina, qué emoción.

Luego, tardeo con cervezas y fantasy,
construyendo mi equipo desde que fiché a Vinicius,
soy la envidia de mis amigos.

Y al final, discoteca,
la rubia de la esquina tiene un polvazo,
una pena que tenga pareja, porque si no...

A las 7 AM suena la alarma,
y qué resaca me espera hoy en el trabajo.
Pero valió la pena,
porque ¡qué día el de ayer!

Esto, esto es lo que yo llamaría FELICIDAD,
en mayúsculas, por supuesto,
si fuese un hombre hetero estándar,
en la sociedad actual.

Qué suerte la mía,
nacida mujer, sensible,

inteligente, inquieta,

valiente, empática...

EMPODERADA (y esto sí, en mayúsculas).

Ojalá te vieras con mis ojos

Me encantaría que te vieras como yo te veo,
porque no imaginas la mujer fuerte y valiente
en la que te has convertido.

Me gustaría que confiaras en ti
al menos la mitad de lo que yo lo hago,

porque puedes comerte el mundo,
alcanzar cada una de tus metas,
y aún no eres consciente de ello.

Ojalá te miraras con mis ojos,
te prometo que estarías orgullosa
de quién eres,
de todo el bien que siembras en los demás
sin siquiera darte cuenta.

Espero que algún día descubras
lo hermosa que eres,
y no solo hablo de rasgos físicos,
sino de la luz que desprenden tus ojos al hablar,
de cómo tu sonrisa ilumina hasta el rincón más oscuro,
de esa risa tuya, contagiosa,
que llena el espacio y deja un eco
que es pura música.

Ojalá supieras que ya eres
todo lo que un día soñaste ser.
El mundo ya lo sabe…
solo te falta recordarlo.

No quiero

No quiero que el suelo tiemble en tu presencia,
ni tus dudas, ni tus «quizás», ni tus regresos.
No quiero esa felicidad efímera,
ni los momentos de llanto mezclados con euforia.

No quiero el vacío de tu ausencia,
ni que seas la única palabra que ronda mi cabeza.
No quiero tus caricias, tus palabras bonitas, tus «te quiero»,
no los quiero porque no son ciertos.

Quiero un amor que sea bonito y sano,
un suelo firme, centrado, reposado.
Quiero un «por supuesto», un «claro», un «nos vemos».
Quiero sentirme llena sin ti, y contigo.

Quiero que mi mente sea ágil, ingeniosa, productiva,
y que, al escuchar tu nombre, simplemente sonría.
Quiero tus caricias, tus palabras bonitas, tus «te quiero»,
los quiero porque te quiero,
y porque esta vez sí, son ciertos.

Un día más

Un día más en la oficina.
Reuniones vacías, tareas pendientes,
opiniones que mueren en el aire.

Un día más, atrapada
en una conversación de ascensor.
Risas enlatadas, sonrisas de cartón,
intereses huecos que flotan en el aire.

Un día más,
fachada estirada,
falso compañerismo,
imposición disfrazada de consenso.

¿Cuántos días más
hasta poder ser yo,
y no este fantasma gris,
apagado,
sin alma,
maquillado de ejecutiva brillante?

La oscuridad

La gente teme a la oscuridad,

porque no ves, al menos no con tus ojos.

No sabes a dónde vas, no alcanzas a ver el final.

No reconoces lo que te rodea, te desorientas, te pierdes.

La gente teme a la oscuridad,

porque llena esos vacíos con sus peores miedos e inseguridades.

Porque apaga los estímulos externos y despierta dilemas que creían enterrados.

Porque sin luz, se sienten solos, pequeños, aterrados ante lo que realmente es la vida:

Una gran incógnita, que vamos llenando de pequeñas luces que apenas marcan el camino,

Nos da paz, confianza, nos llenan de calma,

como si la guía fuera el ojo y no el alma.

Nada

Miró de nuevo la hoja en blanco,

y esta vez, sonrío.

No siento amor, ni anhelo, ni deseo;

Tampoco hay odio, ni rencor, ni enfado.

Solo vacío,

ausencia de emoción, de inspiración.

Sonrío otra vez.

Repito su nombre, releo sus mensajes,

me pierdo en recuerdos que ya no pesan,

y nada...

Aquel que ha amado y sufrido por ello,

sabrá que ese nada lo es todo.

Pesadilla

Vivo en una de esas pesadillas donde se camina...

pero no se avanza.

La frustración me habita,

la desesperación golpea.

Cambia la ciudad, la gente.

Cambia mi forma de pensar,

de sentir,

de buscar.

Cambian mis días,

mis deberes,

mis ilusiones...

Pero yo,

yo siempre en el mismo punto: inmutable.

Constante.

Detenida,

mientras el mundo sigue girando...

El reflejo

El reflejo de mi espejo me devuelve lo que muestro,
De punta en blanco, decidida,
Muy segura de mí misma
Con carisma,
atrevida y de ideas cristalinas
El reflejo de mi espejo me devuelve lo que muestro
Altruista, inteligente y,
Por supuesto, valiente

Lo que no sabe mi espejo
es que a veces, mi reflejo
Es opaco, es difuso,
disimula, sabe mucho
Es sesgado, transformado
y no muestra lo que oculto.

¿Puedes extrañar a alguien que no conoces?

Aún no sabes quién soy,

pero nos espera una vida juntos.

Me gustaría saber si se te marcan los hoyuelos cuando sonríes,

Si prefieres ir en chándal o en traje,

O si eres más de mar que de montaña.

¿Te gusta el café con leche y azúcar,

o lo tomas solo, como yo?

¿Eres de los que eligen la peli con entusiasmo,

o de los que se quedan dormidos?

Dime si te gusta perderte por calles sin rumbo,

o si eres de los que planean los viajes al milímetro.

Ojalá te guste la tortilla poco hecha, y con cebolla.

Y que los conciertos los vivas

como si el mundo se acabara en cada acorde.

No sé cuánto falta para encontrarnos,

pero yo...

ya te echo de menos.

Mientras duermes

A veces me sorprendo observándolo mientras duerme.
Su respiración es pausada, tranquila.
Me gusta pensar que es porque, a mi lado,
se siente seguro.

Su cuerpo encogido,
su brazo derecho extendido,
el mismo que, hace apenas unos segundos,
rodeaba mi cintura.

A veces intento adivinar con qué estará soñando.
Pienso que si me concentro lo suficiente,
quizás pueda entrar allí,
descubrir otra versión de él,
acompañarle en otra dimensión,
ser parte del todo…

Otras veces le acaricio el pelo
y le susurro que lo quiero.
No pretendo despertarle,
pero, en ocasiones, sonríe levemente.
Quiero pensar que es porque me ha oído.

Después me acuesto a su lado y le abrazo.
Es mi terapia.
Lo miro.
Le prometo un *siempre*.
Y, por fin, descanso,
tras muchas noches de insomnio.

Feliz

Creo que nunca seré feliz,

Casi puedo oír la voz de mi madre diciendo

«No digas eso hija, lo tienes todo»

Pero nada me llena

Nada me ilusiona,

No vivo,

Improviso,

Desisto de encontrarle un sentido a este supuesto regalo,

Que no he elegido,

Y me ha tocado

Quiero

Un propósito

Una meta

Algo que haga que mi cuerpo tiemble

Se estremezca

No quiero un trabajo de oficina

De 8 horas al día

Con altas expectativas

Y mi mirada perdida,

Pérdida…

En la pantalla de un ordenador

En un reloj de sobremesa

Contando los segundos que me quedan

Para salir de ese agujero

E irme a casa

A sentirme una desgraciada

Que no una mujer de provecho,

¿Qué es eso?
No sé.
Solo sé
que nada encaja con lo que de niña soñaba,
y que en esta vida,
ni soy ni seré feliz,

quizá en otra…

Ya no

Ya no se agrietan mis labios al pronunciar tu nombre,
Ni mis pupilas se empañan conteniendo una lágrima.

Ya no se me anuda mi estómago al verte,
Ni guardo noches de insomnio,
Donde soñar sin ti era impensable.

Ya no imagino un nosotros,
porque entendí que siempre fui yo
Y ni manera de inventarte

Ya no te idolatro,

Ya no te priorizo

Ya no te quiero

Bueno...
al menos,
ya no así.

Y no volvimos a hablar

No recuerdo qué fue lo último que nos dijimos.

Quizá un te quiero, un no puede ser,

o un a lo mejor, en otra vida.

No recuerdo bien cómo dejamos de ser

todo el uno para el otro.

Tal vez fue la distancia,

la madurez,

o simplemente... la vida.

¿Pero sabes qué sí recuerdo?

Recuerdo tu olor cada vez que me abrazabas,

tus besos robados, incluso cuando estaba enfadada,

tu sonrisa al escuchar alguna de mis tonterías

— esas que hacían imposible no reírse.

Recuerdo las conversaciones,

al menos aquellas donde pensé:

«me estoy enamorando».

No recuerdo por qué dejamos de hablar.

Solo sé que era necesario.

Por mi bien, por el nuestro.

Y también sé que fue la decisión acertada.

Porque ahora miro atrás

y conservo todos los momentos bonitos

en una pequeña cajita,

como en un funeral silencioso.

Perdimos un idioma común,

una conexión auténtica.

Y sin embargo,

el no volver a hablarnos,

el dejar todo suspendido en el aire, intacto,

No es olvido.

No es rencor.

Es respeto.

A lo que fuimos.

A lo que no pudo ser.

Y a lo que, aún hoy,

me hace sonreír cuando lo recuerdo.

En todas tus fases

Si tuviera que compararte con la luna,
no sería por su plenitud,
sino por sus fases.

Cuando estás llena, brillas.
Iluminas cada rincón con esa energía que no deja dudas.
Eres el centro, el faro, la fuerza, el deseo, las ganas.

Pero la luna no siempre está completa, y tú tampoco.
A veces menguas, te haces pequeña,
te ocultas del mundo y de ti misma.
Te pesa el cielo y la mirada de los demás.

En esas noches, te observo desde la distancia,
y veo algo que nadie más parece notar:
sigues hermosa, incluso en tu fragilidad.

Y cuando todo parece oscuro,
cuando desapareces y crees que no hay nada que mostrar,
te encuentro en tu luna nueva.
Ahí, sin brillos ni pretensiones, siendo solo tú.
Libre de expectativas,
pura, serena, real.

El mundo no te ve, pero yo siempre te encuentro.
En esa oscuridad que te cobija, te siento mía.

Amar la luna llena es fácil,
es amar lo visible, lo perfecto.

Pero yo amo cada una de tus fases.
Amo tus luces y tus sombras,
tus dudas y tus regresos.

Amo la parte de ti que ocultas,
la que crees que nadie puede ver,
la que nunca está en el foco,
pero siempre en mi órbita.

A veces me maravillas con tu luz;
otras, me retas con tus silencios.
Pero siempre vuelvo a ti, completa o fragmentada,
porque sé que, incluso en tu ausencia, estás entera.